初信者シリーズ 4

ウオッチマン・ニー著

証しをする

JN061254

JGW日本福音書房

証しをする

聖書：使徒九・十九―二二、二二・十五、Ⅰヨハネ四・十四、ヨハネ一・四〇―四五、四・二九、マルコ五・十九

一　証しをすることの意義

一本のろうそくに火をともすとき、その光はどれぐらい持つでしょうか？　もちろん燃え尽きてしまえば、そこで終わりです。もしもう一本ろうそくを持ってきて、初めのろうそくと一緒に火をともすなら、光は倍になります。初めのろうそくの光は、もう一本のろうそくに火をともしたことで減ってしまったでしょうか？　減ってしまうことはありません。ここでまた第二のろうそくを使って第三のろうそくに火をともしたとしたら、第二のろうそくの光は減ってしまうでしょうか？　減ることはありません。一本一本のろうそくの光はみな、ろうそくが燃え尽きてしまえば、

それで終わりです。しかし、一本目が燃え尽きても、二本目はまだ輝いています。二本目が燃え尽きても、三本目が続いています。このようにして、さらにもう一本、もう十本、もう百本、もう千本……と火をつけるなら、この光はずっと続いていくことでしょう。これは教会の証しを説明しています。神の御子は地上に来られて、ろうそくをともし、その後も一本一本とともし続けているのです。教会は一九〇〇年余りの間、一本一本と燃え尽きては他のろうそくをともし、また燃え尽きてはともしました。ろうそくからろうそくへと火をともし続けて今日に至り、教会はなおも地上に存続し、救いもやはり地上に存在するのです。ある人は十本に、ある人は百本に火をともして、一本また一本とずっと途切れることなく続いているのです。

兄弟姉妹よ、あなたは自分の光がこのように長く途絶えずに続くことを好みますか、それとも自分の光がついには終わってしまうのを好みますか？　今日ある人があなたに光をともしましたが、その人はこの光があなたで終わってしまうことを望んでいるはずがありません。一人一人のクリスチャンはみな、力の限りを尽くして人を救う働きを、すなわち証しをして人を主に導く働きをしなければなりません。それは、この一つの証しが一代一代と続いてこの地上に残るためです。とても残念なことは、光がある人の上で終わってしまうことであり、証しがある人の上で止まってしまうことです。これは最も残念なことです！　教会は一代一代と続いて、途絶えることなく伝えられてきたものです。ある人の証しは続いていますが、ある人は子孫がなく途絶えてしまいます。これは何と残念なことでしょう！　一本のろうそくの光は、それが燃え尽きるまで輝くことができるだけです。同じように、一人の証しもその人が死んだら終わりです。もし一本のろうそくの光をずっと輝かし続けたいなら、燃え尽きてしまう前にもう一本のろうそくに火をつけておかなければなりません。このようにすれば、二本目も燃え、三本目も燃え、百本目も、千本目も、一万本目も燃えます。一本一本と燃え続け、この一つの光が永遠に継続することができ、あまねく地上に満ちます。しかも、ろうそくの光自体は、ともすことで減るということはありません。わたしたちが証しをする時、自分自身には何の損失もありません。それどころか、証しを継続させていくことができるのです。

それでは、証しをするとはどういうことでしょうか？　使徒行伝第二二章十五節で、主はアナニヤを遣わしてサウロにこう言わせました、「それは、あなたが見聞きした事について、すべての人に対して彼の証し人となるためです」。ですから、証しの根拠は見聞きしたことにあります。あなたは自分の目で見たことのないものを証しすることはできませんし、自分の耳で聞いたことのないものを証しすることもできません。パウロは自分の目で見、自分の耳で聞きました。神はパウロに、その耳で聞き、その目で見た事を証しするように言われたのです。ヨハネの第一の手紙第四章十四節で、この証しとはどのような証しであるかを述べています。「わたしたちは、御父が御子を世の人の救い主として遣わされたのを見て、その証しをします」。見たものを証しするのです。神に感謝します。あなたはすでに主を信じました。そして主に出会い、主を信じ、主を受け入れ、主を得ています。あなたは救われた人です。あなたはすでに罪から解放され、赦しを受け、平安のある人です。あなたは主を信じてから、何と喜ばしい人になったことでしょう。この喜びは以前にはなかったものです。以前は、罪の重荷が何と重くあなたにのしかかっていたことでしょう。しかし今、神に感謝します。この罪の重荷はすでに取り去られてしまいました。あなたは見た人です。あなたは聞いた人です。今日あなたは何をすべきでしょうか？　今日あなたはこの経験を証しするべきです。これは、あなたが仕事をやめて伝道に行くようにと言っているのではありません。あなたが見聞きした事を、あなたの親族や友人やあなたの知っているすべての人たちに証しをして、人を主の御前に連れてくることを言っているのです。

もしあなたの証しが続かないなら、福音はあなたの上で止まってしまいます。あなたはすでに救われ、主の命を持ち、火がともされています。しかし、もし別の人にともさなければ、あなたが燃え尽きる時に終わってしまいます。あなたはから手で主にまみえるべきではなく、多くの人を主の御前に連れてくるべきです。救われたばかりの人は、最初から証しをすることを学び、人を主に導くことを学ばなければなりません。このことは決していい加減にしてはなりません。初めに口を開かないなら、日がたつとそれが習慣になり、回復するにはとても大きな力が必要になります。あなたは主を信じてはじめて、こんなにも大きな愛を味わい、こんなにも大いなる救い主を得、こんなにも大きな救いを得、こんなにもすばらしい解放を得ました。それにもかかわらず、主のために証しをしてこの光を別の人にともすことができないとしたら、何と主に申し訳ないことでしょう！

二　証しをする模範

次に四箇所の御言葉を見ます。これは証しをするとても良い模範です。

Ａ　町の中に行って人々に語る

ヨハネによる福音書第四章には、あのサマリヤの女が出てきます。主は彼女に生ける水のことを話されました。そして人は地上に生きていても、生ける水がないので、満足がないことを見せておられます。この井戸の水を飲む者は再びまた渇きます。少なくとも、飲む回数と同じぐらいまた渇き、決して満足することはできません。主の水だけは、飲めば渇くことがありません。なぜなら、泉がわたしたちの内側でわき上がり、わたしたちをずっと満たすからです。ただこの内側の満足だけが人々を真に満足させることができます。この女は五度も結婚しました。一人の夫が駄目であると、次の夫に嫁ぎ、また駄目だと次の夫と、五人も夫を代えたのですが、やはり満足がありませんでした。それはちょうど水を飲むようなものであり、飲んでもまた飲みたくなり、結局満足がないのです。彼女の現在の夫でさえ、彼女の夫ではありませんでした。しかし、主は彼女を満足させることができませんでした。彼女はやはり満足できませんでした。主イエスが彼女にご自身がだれであるかを明らかに示し、彼女がこの主を得た時、彼女は水がめを投げ捨て、町の中へ走って行って言いました、「来て、見てください。わたしの行なったことをすべて、わたしに告げた人がいます。この方がキリストではないでしょうか？」（二九節）。彼女がまず第一にしたことは、証しをしたことです。何を証ししたのでしょうか？　キリストを証ししたのです。この女の行なってきたことは、町の人たちも知っていたかもしれませんが、町の人たちの知らないことも多くありました。それが今すべて主によって語られたのです。ですから、彼女は証しをして言いました、「この方がキリストではないでしょうか？」。彼女は主を知るやいなや口を開いて、この方がキリストであると思うと人々に告げたのです。多くの人がこの女の言葉によって信じました。

クリスチャンはみな一人一人証しをして、主を紹介する必要があります。主はわたしというこんなにも大きな罪人を救われました。もし彼がキリストでないとしたら、いったい彼はだれでしょうか？　彼がもし神の子でないなら、いったい彼はだれでしょうか？　どうしてわたしたちは口を開かずにおれるでしょうか？　わたしは口を開いて証しをしなければなりません。わたしは教理を話すことはできませんが、少なくとも彼がキリストであり、神の子であり、神の立てられた救い主であることを知っています。わたしは自分が罪人であることを見て、主によって救われました。これがどのような事なのか、わたしはうまく言うことができませんが、来て見てください。このわたしが変えられたのです。大変化です！　なぜこうなったのか、わたしにもわかりません。以前わたしは自分が良い人だと思っていましたが、今、自分は罪人であることを見ました。以前わたしが罪だと思わなかったものを今、主は罪であると言われます。今わたしは自分がどんな人かはっきりわかりました。以前わたしは、だれも知らない多くの罪を犯しました。それにもかかわらず、自分でさえそれに気付かないでいました。以前わたしは多くの罪を犯したにもかかわらず、罪の意識が少しもありませんでした。ここにわたしのことを完全に言い表した人がいます。わたし自身が知っていることも、わたし自身の知らないことも、彼は述べました。わたしはただこの事を認めて言うだけです。わたしはキリストに触れました。救い主に出会いました。この方はわたしに、今のわたしの夫はわたしの夫ではないと告げて言いました。彼は、この水を飲んでもまた渇くのであり、また水をくまなければならないと言われました。この話は確かです！　来て見てください。この方が救い主ではないでしょうか？　この方がキリストではないでしょうか？この方だけがわたしたちを救うことができるのではないでしょうか？

自分が罪人であることを見た人は、だれでも証しをすることができます。この救い主を見た人はだれでも証しをすることができます。彼女は主に出会った最初の日、しかも何時間もたたないうちに証しをしたのであって、何年かたってリバイバル集会から帰ってきて証しをしたのではありません。彼女は町に戻るとすぐに証しをしたのです。人は救われたらすぐに、見たことや理解したことを他の人に語りに行くべきです。あなたの知らないことを語る必要はありませんし、そんなに多くの長い話をして聞かせる必要もありません。ただあなたの知っていることを語ればよいのです。あなたがこのように証しすれば十分です。ただあなたの感覚を語れば十分です。ある人はこのように言うでしょう、「わたしは主を信じる前は、とても消極的でしたが、主を信じた後は、とても積極的になりました。以前わたしはひたすら追い求めていましたが、満足がありませんでした。今わたしは心の中に言い表せないほどの甘さを持っています。主を信じる前は、夜、眠れませんでした。しかし、今はよく眠れます。以前はしばしば憂うつで、悩んでいました。しかし、今はどのようなことにも平安と喜びを感じます」。あなたの経験した事実を語って聞かせることができます。あなたの語れないことを語る必要はなく、あなたの知らないことを語る必要もありません。あなたの状況を超えて自分の知らない話をしてはなりません。それは議論を引き起こします。ですから、自分を生ける証しとして人の前に置くのです。そうすればだれもこれに議論することはできません。

B　家に帰って人々に告げる

マルコによる福音書第五章一節から二〇節を見ましょう。ここには一人の汚れた霊につかれた人がいます。この人は聖書に書かれている中で、悪鬼につかれた最もひどい例であると言えるでしょう。彼の体についているものは一群れの汚れた霊でした。彼は墓場を住みかとしており、だれも押さえつけることができず、鎖でつないでおくこともできませんでした。彼は夜昼、墓場や山の中で叫んでいて、石で自分自身を傷つけていました。主イエスがその汚れた霊に、「この人から出て来い」と命じられると、直ちに汚れた霊は出て行き、豚の中に入りました。豚の数は約二千頭でしたが、みな海に駆け下り、おぼれ死んでしまいました。この汚れた霊につかれた人が救われた後、主は彼に言われました、「あなたの家、あなたの親族の所に帰って、主がどんなに大きな事をしてくださったか、またどんなにあわれんでくださったかを知らせなさい」(十九節)。

あなたが恵みにあずかったなら、あなたの家族、近所の人、親族、隣人、友人、同僚たちに、あなたが今や救われた人であることを知らせるようにと、主は言われているのです。あなたは彼らに、自分がイエスを信じたことだけを話すのでなく、主がどんなに大きな事をあなたのためにしてくださったかをも話すべきです。主があなたにしてくださった事を人に告げることを、主は求めておられます。主はあなたに、自分のことを告白し、証しするよう求めておられます。このようにする時、あなたは他の人たちに火をともしているのです。そして主の救いはあなたで止まることがなく、それを継続させるのです。

多くのクリスチャンの家庭の中でもやはり多くの魂が滅びつつあることは、何と残念なことでしょう。わたしたちの父母、子供、親族、友人の何人かは、今だにわたしたちの口からキリストの福音を聞いていません。彼らにはこの世の楽しみしかなく、来たるべき世の希望はありません。なぜわたしたちは、主が自分のためにしてくださったことを告げないのでしょうか？　彼らはわたしたちのそばにいながら、まだ福音を聞いていないとしたら、いったいだれが福音を聞くことができるでしょうか？

もし家で証しをしようとするなら、必ず行ないに大きな変化があるべきです。わたしたちが主を信じる前と比べて、信じた後にどんなに不思議な大変化があるかを家の中で現してはじめて、家の人はわたしたちの言葉に耳を傾けるでしょう。そうでなければ、彼らは納得しないでしょう。わたしたちは以前よりも義しく、以前よりも己を捨て、以前よりも人を愛し、以前よりも勤勉で、また以前よりも喜んでいるべきです。もしわたしたちに行動の上での変化がないなら、彼らはわたしたちを信じることができないでしょう。同時に、わたしたちの行ないが変わったなら、その原因を彼らに告げ、証しすべきです。

C　会堂に行って宣べ伝える

使徒行伝第九章十九節から二一節は言います、「また、サウロは食事をして、力づけられた。そして彼はダマスコの弟子たちと数日間、共にいた。そしてサウロは、直ちに諸会堂で、『この方は神の子である』と、イエスを宣べ伝えた。彼から聞いた人たちはみな、驚いて言った、『この人はエルサレムで、この名を呼び求める人たちを荒らした者であり、彼がここに来たのも、彼らを縛って祭司長たちの前に引いて行くためではないか？』」。ここの「直ちに」という語は、重要な言葉です。

もともとサウロはダマスコに行って主を信じる人たちを縛ろうとしていたのですが、その途中で主に出会い、主が彼に語りかけられたのです。光がやって来るやいなや彼は地に倒れ、目が見えなくなってしまいました。人に手を引かれてダマスコに入り、三日間見えないまま、食べることも飲むこともしませんでした。主がアナニヤを遣わして手を置かせると、彼は見えるようになり、立ち上がってバプテスマされ、食物を取って、力づけられました。数日後、彼は直ちに諸会堂でイエスが神の子であることを宣言しました。彼は直ちに証しをしに行ったのです。彼がこのようにするのはかなり大変なことでした。というのは、彼は元は主の弟子たちを迫害していたからです。あるいは、彼はユダヤ人のサンヒドリンのメンバーであったことでしょう。ユダヤ人のサンヘドリンは七十一人からなる組織であって、彼もその七十一人のうちの一人であったことでしょう。彼は大祭司の文書を持って出て行き、主イエスを信じる人を縛り上げて祭司長のもとに送ろうとしていたのです。しかし、今や彼は主イエスを受け入れました。どうしたらよいのでしょうか？　以前、彼は主を受け入れた人を縛りに行きました。ところが今度は自分が縛られるかもしれません。人の見方をすれば、逃げるか隠れるかするのがよいのでしょうが、彼はかえって会堂に行って、イエスは神の子であると証ししたのです。それも一つの会堂だけでなく、多くの会堂に行って証しをしました。これは、一人の人が主を受け入れた後に第一になすべきことは、主のために証しをすることであるということを説明しています。パウロは目が見えるようになると、直ちに機会を捕らえて証しをしに行き、ナザレ人イエスは神の子であると言いました。主を信じた人はだれでもこのようにすべきです。

この世の人はみなイエスという人を認めています。しかしそれは、多くの世人の中にイエスという名の人がいたことを知っているだけです。言い換えれば、人々の目には、イエスは多くの人の中の一人にすぎないのです。特別なところがあっても、やはり普通の人だと思っています。しかしある日、あなたは光を受け、心の目が開かれ、啓示を得て、一つの事実を見ました。すなわち、イエスが神の子であるという事実を見たのです。神にはひとり子がおられることがわかったのです！　神の子とはイエスです！　これは何という大きな発見でしょう。あなたは人々の間にひとりの方、神の子を発見しました。これは本当に大きなことです！　主イエスを救い主として受け入れ、主イエスを神の子であると認めることは、一つのとても大きなこと、すばらしいことです。その事を軽々しく放っておくことはできません。なぜなら、それは大いなる事だからです。何千年の歴史の中から、しかも世界中の無数の人たちの中から、わたしたちは神の子を見いだしたのです。これは何と大いなる事でしょう！　わたしたちは無数の世人の中から、数千年の歴史の中で、ナザレ人イエスが神の子であることを突然、見いだしたのです。これは本当に大いなる事です。もし今日、ある人が天使であることがわかったなら、みなすばらしいと思うでしょう。わたしたちが神の子を発見したのであるなら、それはさらに驚くべき事です！　天使とわたしたちの主を比べるなら、その差は幾万倍になるかわかりません し、比べようもありません。比べるとしても、その差は大きすぎるのです。

ここに一人の人がおり、彼は主の名を信じる人たちを縛るために道を歩いていました。しかし、地に倒れて起き上がってから、彼は会堂に行って、イエスは神の子であると言ったのです。この人は、気が狂ったか啓示を得たかのどちらかでした。しかし、彼は気が狂ったのではありませんでした。彼は啓示を得たのです。彼は確かに幾千万もの人の中からひとりの方、神の子に出会ったのです。あなたもパウロのように、幾千万もの人の中から神の子であるひとりの方にすでに出会いました。あなたが、自分の発見は何と大きく、何と重要であり、何と不思議であるかを知るなら、直ちに行って、「わたしは神の子に出会った」と人々に告げるはずです。あなたは大声で、「イエスは神の子です！」と言うはずです。主イエスを信じて救われた人が、どうして何事もなかったかのように静かにしていることができるでしょうか？もし主イエスを信じても、何の驚きも感じず、それほどすばらしいとも思わず、特別なことでもないと思うなら、この人はどのように信じたのか全く疑問です。ここに一つのとても大きな、すばらしい、人の常識をはるかに超えた、これ以上特別なことはあり得ないぐらい特別なことがあります。すなわち、ナザレ人イエスが神の子であるということです。これは何と重大なことでしょう！　こんなに重大なことを見たのですから、真夜中に友人の家の戸をたたいて、自分が見たことを彼らに告げても、何も不思議なことではありません。宇宙の中に一つの驚くべきことがあります。それはナザレ人イエスが神の子であることです。

ここに一人の人がいます。彼は体調が戻り、目が見えるようになると、直ちに会堂に行って、「ナザレ人イエスは神の子である！」と言いました。主を信じた人はみな、この事実を見たのですから、直ちに会堂に行って、「ナザレ人イエスは神の子である！」と叫ぶべきです。ナザレ人イエスが神の子であることを思う度に、これは全世界で最大の発見であると感じます。これにまさる偉大で重大な発見はありません。ここにひとりの方、すなわち神の子がいます。わたしたちはそれを発見しました。これは何と大いなる事でしょう。ですから、ペテロが主に答えて、「あなたはキリスト、生ける神の子です」と言った時、主イエスは彼に言われました、「あなたにこのことを啓示したのは血肉ではなく、天におられるわたしの父だからである」（マタイ十六・十六―十七）。主がわたしたちの間をひそかに歩いておられる時、もし父が知らせてくださらなければ、だれも彼を知ることはできません。

ですから、兄弟姉妹よ、あなたが信じたことは小さなことであるなどと決して思ってはなりません。あなたが信じたことはすばらしいことであると、知らなければなりません。サウロは、自分が発見したことがどんなにすばらしいことであるかを知ったので、会堂に行って語らなければなりませんでした。もしあなたの見たものがどんなにすばらしいかを知るなら、あなたも同じようにするはずです。ナザレ人イエスは神の子です。これはとてもすばらしい事実であり、またとても栄光ある事実なのです。

D　一人が一人を尋ね出す

一人の人が主を信じた後、町に行って人に語るだけでなく、家に帰って人に語るだけでなく、会堂に行って証しするだけでなく、さらに特別な証しがあります。それは一人の人が行って、他の一人に主を信じるよう導くことです。ヨハネによる福音書第一章四〇節から四五節の証しはこのようなものです。アンデレは主を信じるとすぐ行って、自分の兄弟ペテロを連れてきて、主に会わせました。後ほどペテロはアンデレよりも賜物のある使徒となりましたが、ペテロを主を信じるように導いたのはアンデレでした。ピリポとナタナエルは友人でした。ピリポは自分が先に主を受け入れ、それから自分の友人を主を受け入れるよう導いたのです。アンデレは自分の兄弟を主のもとに連れてきましたし、ピリポは自分の友人を捜し出しました。彼らはみな一人が一人を導いて、人を主の前にもたらしているのです。

百年ほど前のことですが、ハーベイ・ペイジというクリスチャンがいました。彼は主の恵みにより目が開かれました。彼は自分には特別な賜物がないので、多くの人を導くことはできなくても、少なくとも一人ずつなら導くことができ、大きな働きはできなくても一人に注意を払うことはできることを見ました。彼はただ、「わたしが救われたのですから、あなたも必ず救われます」とだけ言いました。彼は一人を捕らえて、どんなことがあっても放さず、ずっと彼のために祈り、ずっと彼に語り続け、彼が救われるまでは決してやめませんでした。こうして彼はこの世を去るまでに、百人以上もの人を確実に得たのです。

以前、トッドというクリスチャンがおり、彼は人を救いに導くのがとても上手でした。彼が救われたのは十六歳の時でした。ある休日、彼は一つの村に行き、そこで教会の老夫婦に会い、その家に招かれました。その老夫婦はとても経験のある人たちで、彼を主の御前に導きました。この若者は以前とても気ままな生活をしていましたが、その日、彼はひざまずいて祈り、そして救われたのです。それから、彼はその老夫婦と語り合いました。彼らは、この地方ではディケンズ氏が悔い改めなければ福音を伝えることができないと話しました。トッドはこの話を聞いて尋ねました、「ディケンズ氏とはどんな人なのですか?」。そこで老夫婦は、ディケンズ氏とは退役した軍人であり、もう六十歳を過ぎている人であることを語りました。彼は家にピストルを持っており、福音を伝えにくる者はだれでも撃とうとします。彼はクリスチャンを「偽善者」と呼びます。彼は全世界のクリスチャンをみな「偽善者」と見るのです。クリスチャンでありさえすれば撃とうとします。ですから、彼に福音を伝えるクリスチャンは一人もいないし、彼の家のそばを通るクリスチャンさえいません。その家のそばを通ったことが知れると、彼は怒り、のろい、ののしるからです。トッドはそれを聞いて言いました、「主よ！　今日あなたの恵みによってわたしは救われました。わたしはディケンズ氏の所に行って証しをしたいです」。そしてまだお茶も飲み終わらないうちに、「わたしは行きます」と言いました。彼は救われてまだ二時間もたっていないのに、ディケンズ氏の所に証しをしに行こうとしたのです。その老夫婦はいさめて言いました、「すでにたくさんの人が勧めに行ったのに駄目でした。だから行ってはいけません。ある人は棒でなぐられました。ある人は、彼がピストルを出して発射しておどすので、飛び出してきました。彼は多くの人を打ちたたきましたが、わたしたちは彼を訴えたくはありません。なぜなら、正しい福音の証しを保ちたいからです。このため、彼はますますひどくなっているのです」。トッドは、「いいえ！　わたしは行くべきだと感じます」と言って、出かけて行きました。

彼はその家の門をたたくと、ディケンズ氏が出てきて、門を開けてくれました。彼は手に杖を握っており、「若者よ、何の用かね？」と言いました。トッドは、「少しお話しさせていただいてよいでしょうか？」と言いました。二人は家の中に入りました。家に入るとトッドは言いました、「あなたに主イエスを救い主として受け入れて欲しいのです」。ディケンズ氏は杖を振り上げて言いました、「おそらく、おまえはここに来て間もないと思うから、許してやる。おまえをなぐらないでおく。おまえは聞いてないのか？　ここではだれもイエスの名を言うことを許されていないのだ。さあ、帰れ！　すぐに帰れ！」。それでもトッドはまた言いました、「お願いですから、イエスを信じてください」。ディケンズ氏は怒り狂って二階に駆け上り、ピストルを取ってくると、恐ろしい声でどなりました、「出て行け！　そうでないと撃つぞ」。トッドは言いました、「わたしはあなたにイエスを信じるよう勧めているのです。撃ちたいならどうぞ撃ってください。でも撃つ前に祈らせてください」。そう言って、すぐにディケンズ氏の目の前でひざまずいて祈りました、「神よ！　ここにあなたを知らない人がいます。どうかこの人を救ってください」。続けて言いました、「神よ！　ここにあなたを知らない人がいます。どうか彼をあわれんでください。ディケンズ氏をあわれんでください」。トッドはずっと祈り続け、ひざまずいたまま立ち上がりませんでした。ずっと、「神よ！　ディケンズ氏をあわれんでください。ディケンズ氏をあわれんでください」と祈っていました。彼が五回六回と祈っていると、そばでため息のような声を聞きました。そしてしばらくすると、ピストルが置かれる音が聞こえました。もうしばらく待っていると、ディケンズ氏もひざまずいて彼の横で祈ったのです、「神よ！　わたしをあわれんでください」。数分後、その人は主を信じました。彼はこの若者の手を取って言いました、「わたしは、以前は福音を聞いただけだが、今日はじめて福音を見た」。後になって、この若者は人々に言いました、「わたしが彼の顔を見ると、まさに罪を犯してきた顔つきでした。しわの一つ一つがみな罪であり、恐ろしいものでした。しかしその後、しわの一つ一つから光が輝き出ているように見えました。しわの一つ一つがみな神のあわれみを物語っているようでした」。次の主日、ディケンズ氏は礼拝堂に集会にやって来ました。後に、彼もまた数十人を救いに導いたのです。

トッドは、主を信じた最初の日の二、三時間のうちに、一人の名だたる扱いにくい人を救いに導きました。救われたらすぐに口を開き、人を救いに導くのが良いのです。時間を無駄に過ごしてはなりません。

三　証しをすることの重要性

A　大いなる喜びである

すべての信者には、一生のうちに最も楽しい日が二つあります。第一の喜びの日は、主を信じた日です。主を受け入れたのですから、それは特別な喜びの日です。第二の喜びの日は、初めて人を主に導いた日です。初めて人を主に導いた時の喜びは、自分自身が救われた時にもまさる喜びです。多くのクリスチャンに喜びがないのは、それまで主のために一言も語ったことがないからです。一人も主の御前にもたらしたことがないからです。

B　知恵のある人になることを学ぶ

箴言第十一章三〇節は言います、「賢い者は魂を得る」。ですから、わたしたちは主を信じたその最初の時から、人を救うさまざまな方法を学ぶべきです。賢い者となってはじめて、教会の中で有用なのです。これは講壇から福音を伝えることを指していません。講壇から語る福音の宣べ伝えは、個人的に人を主に導くことに置き換わることはできません。講壇から福音を宣べ伝える人が、人を導くことができるとは限りません。わたしたちは、あなたが講壇に行ってメッセージするようには勧めません。あなたに人を救う人になってほしいのです。多くの人はメッセージを語ることはできますが、人を救うことができません。あなたが人を彼らの所に連れて行っても、彼らはどうしてよいかわからないのです。このような人は大して役に立ちません。一人また一人と人を主の御前にもたらすことのできる人こそ、有用なのです。

C　命を生み出す

芽のある木が成長しないことはあり得ないのと同じように、主の命がありながら命を生み出さないということもあり得ません。罪人に対して証しをしない人は、まだだれか他の人から証しをしてもらう必要があるのかもしれません。人を悔い改めさせ主に立ち返らせることに心も興味も持っていない人は、その人自身が悔い改めて主に立ち返る必要があるのかもしれません。人の前で主のために声を出さない人は、まだ神の福音の声を聞く必要があるのかもしれません。霊的に前進したのでもう人を得なくてもよい、ということがあり得るでしょうか？　証しをする必要がないほど前進する人などいません。信じたばかりの人は、まず初めに証しをすることをよくよく学ばなければなりません。これは一生涯しなければならないことです。

あなたが霊の道にそって前進していくと、ある兄弟が言うのを聞くことでしょう、「あなたは生ける水の水路となるべきです。聖霊に結びついて、生ける水、すなわち聖霊があなたに流れてくるようにしなければなりません」。しかし、生ける水の水路には両端があります。聖霊の水路、生ける水の水路には、両端があるのです。一つは聖霊に、命に、主に向かって開いていますが、もう一つは人に向かって開いているのです。人に向かっているこの端がもし開かれていないとしたら、生ける水は永遠に流れることはできません。主に向かって開けばそれで十分だという誤った考えを持ってはなりません。主に開いているだけでは、命の水はやはり流れません。主に一つの端を開き、人にもう一つの端を開かなければなりません。第二の端が開かれればすぐに生ける水は流れ出します。多くの人が神の御前で力がないのは、主に向かう端が開かれていないからかもしれませんが、おそらくもっと多くの場合は、彼らが人に対して証しをしたり、人を主に導いたりするもう一方の端が開かれていないからです。それで力がないのです。

D　永遠の別れの悲惨さ

多くの人が福音を聞いたことがないのは、あなたが証しをしないからです。そのために彼らはあなたと一時的にではなく、永遠に分けられてしまうのです。これは何と大きいことでしょう！　以前、ある兄弟が身をもってこのような経験をしました。ある時、ある人の家に夕食に行きました。彼にはとても学問があり、雄弁だったので、学問の話を多くしました。この時、その土地の一人の非常に年を取った友人も座っていました。この友人にも学問があったので、彼らは長い間、話をしていました。かなり遅くなってしまったので、主人は彼らを引きとめ、泊まらせました。その友人の部屋は、ちょうど彼の部屋の向かいでした。彼が自分の部屋に入って間もなく、向かいの部屋から何か重いものが床に落ちたような物音がしたので、急いで行って見ると、その友人が床に倒れて死んでいたのです。続いて他の人たちも駆け込んできました。彼はすぐに悲しそうに言いました、「もしこのようなことが起こるとわかっていたら、二時間も彼とあんな話はしなかったでしょう。わたしは彼に永遠の事を見るよう示したことでしょう。しかしわたしは、人の救いのことについて五分さえも費やしませんでした。わたしは彼にその機会を与えませんでした。もしその時、このことがわかっていたなら、主イエスがいかに彼のために十字架に釘づけられて死なれたかを知る必要があることを、全力を尽くして彼に話したことでしょう。しかし、今となってはもう遅すぎます！　夕食の時にわたしがこんな事を話していたら、あなたがたはみな、わたしが語った事を笑ったでしょう。今わたしがこの事を話しても遅すぎますが、どうか聞いてください。あなたがたはみな主イエスと彼の十字架を信じる必要があります!」。わたしたちは、この別れが一時的なものでなく、永遠の別れであることを知らなければなりません。何と残念なことでしょう。機会を逃したために、この人は永遠に天に行くことができないのです!ですから、わたしたちは機会を見つけだして証しをするべきです。

D・L・ムーディは、人を救いに導く力のある人でした。彼には一つの決まりがありました。それは、講壇からでも講壇からでなくても、一日に少なくとも一人に福音を語るというものです。ある日、彼はベッドに入ってから、突然、その日はまだ福音を伝えていないことを思い出しました。どうしたらよいのでしょうか? 彼は起きて服を着ると、人を捜しに行きました。時計を見ると、もう真夜中で、通りにはだれもいません。こんな時にどこへ行けば人がいるのでしょうか? 仕方なく、夜勤の警官のところに行って、「主を信じなさい」と勧めました。その警官はちょうどある事で苦しんでいたので、怒って、「この真夜中に何もしないで、イエスを信じろと勧めに来るとは、あなたは何者だ」とののしりました。ムーディは彼に二、三の言葉を語ってから帰りました。しかし、その警官はムーディの言葉に感動し、二、三日後、ムーディの所にやって来て、救われたのです。

人が主を信じたらすぐに、神の御前であらゆる機会を捕らえて人を見いだす願いを持つべきです。一人一人は、一年に何人救いたいかを記録すべきです。一年に十人救うか、あるいは二十人救うか、決めてもよいでしょう。それからこれらの人々のために祈り始めるのです。抽象的な祈りは役に立ちません。あなたは主の御前で、「主よ！ 罪人を救ってください」と言いますが、これは抽象的すぎます。あなたは目標をはっきりと定めなければなりません。もし十人なら十人、二十人なら二十人というようにです。一冊のノートを用意しておいて、得られた魂を記録してもよいでしょう。一人得られたら、一人を書きとめます。年の終わりに数えてみて、最終的に幾人の人が救われたのか、幾人の人がまだ救われていないのかを調べ、まだ救われていない人のためにはさらに祈り続けます。兄弟姉妹がみなこのようにするべきです。一年に三十人、五十人救っても多くはありません。十人、二十人は普通なのです。祈りの中ではっきりした数を主に求めなければなりません。主はあなたのはっきりした祈りを聞かれるでしょう。毎日、主の御前で祈り、機会があれば証しをします。もしわたしたちがみなこのように福音を伝えて人を主に導くのでしたら、何年かするとわたしたちの霊的命は大いに成長していることでしょう。

わたしたちは福音の火を掲げて、すべての人にともしましょう。クリスチャンがみな出て行って、他の人に火をともしますように。福音の証しは、主が来られるまでわたしたちから出ていく必要があります。火のともされたわたしたちが、他の人に火をともしに行かないようなことが絶対にありませんように。この一本のろうそくがもう一本のろうそくへと、さらにもう一本のろうそくへと火をともしていきましょう。わたしたちの前には、救いを必要とする魂がどれだけあるかわかりません。わたしたちは力を尽くして、行って証しをし、人を主に導くべきです。

証しをする

2012 年 1 月 10 日　初版印刷発行　定価 250 円 (本体 238 円)

著　者　ウ　オ　ッ　チ　マ　ン　・　ニ　ー

発行所　JGW 日　本　福　音　書　房
〒 151-0053 東 京 都 渋 谷 区 代 々 木 1-40-4
TEL 03-3373-7202　FAX 03-3373-7203
(本のご注文) TEL 03-3370-3916　FAX 03-3320-0927
振替口座００１２０－３－２２８８３

落丁・乱丁の際はお取りかえいたします。

ISBN978-4-89061-617-6 C0016 ¥238E